Super Bowls

Herzhaftes und Süßes aus der Schüssel

Rezepte und Foodstyling:
Bérengère Abraham
Fotos: Amélie Roche

h.f.ullmann

Inhalt

Süß

Vorwort

Wer gesund essen und sich auf Dauer ausgewogen ernähren will, braucht – so denkt man – zuweilen etwas Geduld und muss sich länger mit dem Thema beschäftigen. Doch mit ein wenig Organisation erweist sich das Zubereiten simpler und doch vollwertiger Mahlzeiten als ziemlich einfach!

Es hilft uns dabei nämlich der neueste Trend: die „Bowl", also das Schüsselgericht. Bowls gibt es für jeden Geschmack – von der Power Bowl über die Buddha Bowl bis zur Smoothie Bowl.

Die Idee, eine ganze Mahlzeit aus einer einzigen Schüssel zu sich zu nehmen, macht die Zubereitung einfach. Nichts ist leichter, als ein paar gesunde Zutaten in ein Gefäß zu geben und am Ende ein komplettes Essen zu haben.

Egal ob einfach nur lecker, besonders nahrhaft, entgiftend oder speziell für Sportler – es gibt unendlich viele „Super Bowls".

Die Grundzutat ist immer die gleiche: ein stärkehaltiges Lebensmittel wie etwa Reis, Nudeln, Quinoa oder Bulgur. Dazu kommt Obst oder Gemüse der Saison ganz nach Geschmack. Sie können verschiedene Sorten mischen und unterschiedlich zubereiten – als Rohkost, gekocht oder mariniert, im Ganzen oder gestiftelt.

Reichern Sie Ihre Mahlzeiten mit Proteinen an – hierzu eignen sich ganz nach Wunsch und Appetit Hülsenfrüchte, Fleisch oder Fisch. Probieren Sie beim Fleisch und beim Fisch verschiedene Arten der Zubereitung aus, indem Sie die Zutaten marinieren, lange braten oder nur kurz erhitzen. Fügen Sie zum Schluss noch Körner, Trockenfrüchte, etwas Salat und vor allem aromatische Kräuter hinzu.

Und schließlich: Seien Sie neugierig und erfinderisch, was das Dressing betrifft – denn erst die richtige Sauce macht am Ende den Unterschied!

Bérengère Abraham

Getreide und Hülsenfrüchte

Azukibohnen

Rote Linsen

Kidneybohnen

Grüne Linsen

Belugalinsen

Kichererbsen

Naturreis,
Venusreis

Wildreis

Rote und
weiße
Quinoa

Nudeln

Couscous

Haferflocken

Sobanudeln

Bulgur

Reisnudeln

Kleiner
Dinkel

Buchweizen

7

Getreide und Hülsenfrüchte

Bei den stärkehaltigen Lebensmitteln unterscheidet man drei Sorten: Hülsenfrüchte, die verschiedenen Getreidearten sowie Kartoffeln und die auf ihnen basierenden Produkte.

Im Gegensatz zum Grün- oder Frischgemüse sind Hülsenfrüchte Trockengemüse und sehr reich an Stärke. Dazu gehören grüne und rote Linsen sowie Belugalinsen, Azukibohnen, Kidneybohnen und Kichererbsen. Linsen enthalten viel Eisen und sind daher für die gesunde Ernährung von großem Interesse. Rote Linsen platzen beim Kochen auf und eignen sich daher prima für Püree- oder Cremegerichte.

Die in der mediterranen Küche sehr gebräuchlichen Kichererbsen lassen sich auf unterschiedlichste Weise genießen, als Püree oder Hummus zum Beispiel, als Salatzutat oder gekocht, mit Gemüse vermischt oder auch gebraten und mit Kräutern gewürzt. Kidney- und Azukibohnen sind extrem eiweißreich und im Rahmen einer vegetarischen Ernährung von großem Wert.

Die unterschiedlichen Getreidesorten sind sehr vielfältig, was Geschmack und Farbe angeht. Drei Sorten tragen hauptsächlich zu unserer Ernährung bei, nämlich Reis, Weizen und Mais. Doch es gibt noch so viele andere Arten zu entdecken!

Quinoa zum Beispiel ist ein sehr bekömmliches, glutenfreies und fettarmes Getreide, das sehr gut zu Gemüse passt. Die Körner sind fein und empfindlich, es gibt sie in Rot und in Weiß.

Dinkel ist ein Getreide, das dem Weizen sehr ähnelt. Der nussig-knusprige Kleine Dinkel ist ideal, um einer Mahlzeit das gewisse Etwas zu verleihen.

Haferflocken überzeugen durch ihre Textur und ihren Geschmack, sind aber vor allem aufgrund ihres hohen Eisen- und Kalziumgehalts von Interesse.

Reis bildet die ideale Basis für unsere Bowls und lässt sich auf unterschiedlichste Weise verwenden. Als Natur- oder Halbnaturreis ist er exzellent, und es gibt ihn in vielerlei Ausprägung: rot, langkörnig, wild oder sogar schwarz wie beim italienischen Venusreis. Doch man kann Reis auch in völlig anderer Form zu sich nehmen, zum Beispiel als asiatische Reisnudeln.

Buchweizen ist ein glutenfreies Getreide, das sich auf vielfältige Weise verwenden lässt. Man kann die rohen Körner – wie in Japan – gebraten verzehren oder 2–3 Minuten im kochenden Wasser erhitzen. Soba sind japanische Nudeln aus Buchweizenmehl. Sie schmecken süß und haben eine angenehme Textur. Man kann sie warm oder kalt genießen.

Weizen bildet eine der Grundlagen unserer Ernährung. Egal ob Nudeln, Bulgur oder Couscous – all diese Nahrungsmittel werden aus Weizen hergestellt. Auch wenn er aufgrund der steigenden Zahl der Fälle von Glutenintoleranz an Beliebtheit eingebüßt hat, bleibt der Weizen doch ein wichtiger Lieferant von Ballaststoffen und Proteinen. Verwenden Sie wegen des höheren Nährstoffgehalts wenn möglich Bio- und auf jeden Fall Vollkornweizen.

Öl und Zucker-lieferanten

Olivenöl

Honig

Datteln

Leinsamen

Sesamkörner

Sesamöl

Vollwertiges Mandelpüree

Agavendicksaft

Ahornsirup

Rosinen

Tahina

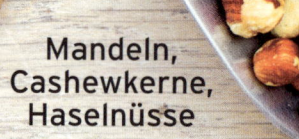

Mandeln, Cashewkerne, Haselnüsse

Kokosöl

Chiasamen

Algen

Gojibeeren

Superfoods

Kokospulver

Açaipulver

Spirulina

Kurkuma

Rohkakao

Granatapfel

11

Öl- und Zucker-lieferanten

Eine gesunde und ausgewogene Ernährung beruht auch auf der richtigen Auswahl bestimmter Basisprodukte. Süßen zum Beispiel lässt sich längst nicht nur mit klassischem weißem Streuzucker. Es gibt inzwischen zahlreiche Möglichkeiten, ein Gericht zu süßen und ihm dabei sogar noch wertvolle Nährstoffe zuzuführen, z.B. mit Honig, Agaven-, Ahorn- oder Kokossirup, aber auch nicht raffinierten Vollwertzucker. Honig ist hierbei besonders interessant, denn er ist ein sehr natürliches Produkt, das keinerlei Transformationsprozesse durchlaufen hat und extrem viele Antioxidanzien enthält. Die zahlreichen auf dem Markt verfügbaren Sorten garantieren eine große Geschmacksvielfalt. Doch auch Datteln, frisch oder als Trockenfrüchte, eignen sich sehr gut zum Süßen. Da sie sehr viele Kohlen-hydrate enthalten, sind sie vor allem für Sportler von Interesse.

Auch ölhaltige Lebensmittel sind wichtig für eine gesunde Ernährung. Öl ist in Trockenfrüchten, Körnern, Nüssen und natürlich den Ölen selbst enthalten, aber auch in leckeren Pasten wie zum Beispiel Mandel- oder Cashewpaste. Die Tahina, eine Sesampaste, enthält besonders viele wichtige Inhaltsstoffe und passt als Zutat zu zahlreichen Gerichten wie Saucen oder Gemüsepürees. Ölhaltige Lebensmittel enthalten Ballaststoffe und Mineralien und sollten daher auf jeden Fall Teil Ihrer Ernährung sein. Egal ob Mandeln oder Haselnüsse, ob Cashewkerne oder Walnüsse, ob Pekan-, Para- oder Macadamianüsse – es fehlt nicht an Sorten, und die verschiedenen Geschmacksrichtungen bringen Abwechslung in Ihre Super Bowls. Gut zu wissen für alle Veganer: Mandeln und Sesam sind exzellente Eiweißlieferanten. Häufig fehlen Körner in unserer Ernährung, doch auch sie ent-halten Antioxidanzien, viel Flüssigkeit und jede Menge Vitamine. Man kann gar nicht genug von ihnen essen! Seien Sie bei Ihren Super Bowls also großzügig mit Leinsamen, Sesamkörnern, Sonnenblumenkernen oder Mohn!

Zu einer gesunden und ausgewogenen Ernährung gehören auch Fette. Geben Sie hier jedoch jenen den Vorzug, die (wie etwa das Olivenöl) für ihre wohltuende Wirkung auf das Herz-Kreislauf-System und ihren Reichtum an Antioxidanzien bekannt sind. Es gibt auch stärker duftende Öle wie zum Beispiel Sesam- oder Kokosöl. Letzteres ist für die Küche besonders interessant: Es verleiht Ihren Gerichten einen milden und frischen Geschmack. Dieses rein pflanzliche Öl wird aus frisch gepresstem Kokosmark gewonnen, ist reich an Fettsäuren und schon seit Langem in Asien und Afrika in Gebrauch.

Superfoods

Diese speziellen Zutaten werden mit besonderer Rücksicht auf den Stoffwechsel nur sparsam verwendet. Jedes dieser Nahrungsmittel besitzt wirkmächtige Eigenschaften und blickt oftmals auf eine lange Tradition zurück.

Chiasamen werden in Südamerika angebaut. Abgesehen davon, dass diese recht schleimigen Körner ein sehr guter Ersatz für Eier sind, wenn man einen veganen Kuchen backt (sie entwickeln eine gelatineartige Substanz, wenn man sie einweicht), sind Chiasamen auch reich an Ballaststoffen, Vitaminen und Antioxidanzien. Sie können sie roh, als Garnierung oder in allen möglichen Flüssigkeiten eingelegt zu sich nehmen.

Algen

Ob braun, grün oder rot – Algen lassen sich sehr leicht zubereiten. Sie enthalten viele Spurenelemente und Antioxidanzien und eignen sich daher auch bestens für eine Entschlackungskur.

Gojibeeren

Kleine rote Beeren, die ursprünglich aus China stammen und seit Hunderten von Jahren in der chinesischen Medizin verwendet werden. Sie stärken die Immunabwehr und sind ideal gegen Erschöpfung.

Kokospulver

Kokospulver und getrocknete Kokosraspel werden aus frischem Kokosmark hergestellt, das man raspelt oder in Stückchen schneidet und danach trocknet. Das Pulver passt gut zu süßen oder salzigen Speisen. Kokosnüsse sind reich an Ballaststoffen und Mineralien.

Kurkuma

Eine aus dem südlichen Asien stammende Wurzel. Ihre Geschmack und ihre goldgelbe Farbe sind unvergleichlich. Bei Verdauungsproblemen wirkt Kurkuma wahre Wunder.

Açaipulver

Açaipulver wird aus der Frucht einer Amazonaspalme hergestellt und ist sehr energiereich. Dieses Superfood passt sehr gut zu Früchten und verleiht Ihren Gerichten Farbe und einen angenehmen Duft.

Spirulina

Eine blaue Alge mit extrem hohem Proteingehalt. Man kann sie für Dressings, Salate oder auch für frische Säfte verwenden.

Rohkakao

Bei den Amazonasvölkern gehören rohe Kakaobohnen seit jeher zur Ernährung. Man kann die rohen Bohnen einfach so verzehren oder sie in gehacktem Zustand zu süßen oder salzigen Gerichten hinzugeben.

Granatapfel

Eine wohlschmeckende Frucht mit kleinen, roten, sehr saftigen Kernen. Der Granatapfel ist ein ausgezeichnetes Antioxidans, dessen Wirkung schon lange bekannt ist.

Saucen und Dressings

Orangen-Tahina-Sauce
2 EL Tahina
Saft von 1 Orange
1 EL Sesamöl
1 Zitronenscheibe
Pfeffer aus der Mühle

Vanille-Vinaigrette
4 EL Olivenöl
½ Schalotte, gehackt
1 Vanilleschote, aufgeschlitzt
und ausgekratzt
Saft von 1 Zitrone

Kokosdressing
3 EL Kokosöl, geschmolzen
4 EL Kokosmilch
Saft von 1 Limette
Salz und Pfeffer aus der Mühle

Miso-Ingwer-Sauce
1 cm Ingwer, gerieben
3 EL Olivenöl
Saft von 1 Limette
2 EL Agavensirup
1 gehäufter EL Misopaste
½ Knoblauchzehe, gehackt

Honig-Zitronen-Sauce
1 EL flüssiger Honig
2 EL Olivenöl
Saft von 1 Zitrone
1 EL Sesamkörner

Thai-Sauce
2 EL Sojasauce
4 EL Olivenöl
1 TL Senf
1 cm Ingwer, gerieben
Saft von 1 Limette
½ Knoblauchzehe, gehackt

Miso-Ingwer-Sauce

Honig-Zitronen-Sauce

Vanille-Vinaigrette

Orangen-Tahina-Sauce

Joghurt-Dill-Dressing
125 g Naturjoghurt
3 EL Olivenöl
½ Bund Schnittlauch, gehackt
Saft von ½ Zitrone
Salz und Pfeffer aus der Mühle

Kurkuma-Vinaigrette
1 TL gemahlene Kurkuma
3 EL Olivenöl
2 EL weißer Balsamicoessig
1 gestrichener EL Senf
Salz und Pfeffer

Spirulina-Vinaigrette
4 EL Olivenöl
2 EL Spirulinaflocken
1 Schuss weißer Balsamicoessig
Saft von 1 Zitrone

Kurkuma-
Vinaigrette

Thai-Sauce

Kokosdressing

Joghurt-Dill-
Dressing

Spirulina-
Vinaigrette

15

Vegetarisch

Vollwert-Buchweizen-Bowl

Für 4 Personen
Zubereitungszeit: 10 Minuten
Garzeit: 10 Minuten

½ Bund
Schnittlauch

70 g Buchweizen,
geröstet (Kascha)

50 g Mandelstifte,
geröstet

2 Avocados

75 g Rucola
oder Mizuna

4 EL eingelegte
getrocknete
Tomaten

300 g Buchweizen-Bulgu

Saft von
1 Zitrone

3 EL
Olivenöl

2 EL Joghurt

Den Bulgur 10 Minuten in Salzwasser kochen lassen. Das Salatgrün waschen, klein hacken und mit dem abgetropften Bulgur vermischen. Danach das Ganze mit ein wenig Öl übergießen. Die Avocados würfeln. Mit restlichem Öl, Joghurt, gehacktem Schnittlauch und Zitronensaft vermischen. Die Bulgur-Salat-Mischung auf die 4 Schüsseln verteilen, dann die restlichen Zutaten dekorativ anordnen. Salzen, pfeffern und mit der Joghurtsauce servieren.

Chili-Bowl

Für 4 Personen
Zubereitungszeit: 20 Minuten
Garzeit: 20 Minuten

½ Bund
Schnittlauch

850 g
Süßkartoffeln,
gewürfelt,
+ 1 EL Chilipulver

240 g
Kichererbsen,
unbehandelt

2 Frühlingszwiebeln,
gehackt

½ Bund
Koriander

350 g Tomatensauce

5 EL Olivenöl

240 g
Naturreis

Die Süßkartoffeln zusammen mit dem Chilipulver in etwas Olivenöl erhitzen. 20 Minuten schmoren lassen. Den Naturreis nach Packungsangabe kochen. Die Kräuter klein hacken. Die Tomatensauce erhitzen, danach die Zutaten auf die 4 Schüsseln verteilen. Salzen, pfeffern, mit den Kräutern und Zwiebeln bestreuen.

Honey-Bowl

Für 4 Personen
Zubereitungszeit: 20 Minuten
Garzeit: 35 Minuten

Saft von
1 Zitrone

Saft von
1 Orange

50 g
Haselnüss

8 Karotten,
in Stücke
geschnitten

600 g
kleiner Dinke
gekocht

2 Fenchel-
knollen

2 EL Honig

150 g Feldsalat

5 EL
Olivenöl

2 Prisen Gomasio
(japanisches Sesamsa

Die Karotten mit etwas Honig in einen Topf geben, mit Wasser bedecken und 25 Minuten köcheln lassen. Den Fenchel in dünne Scheiben schneiden und zusammen mit dem Orangensaft und etwas Öl 10 Minuten andünsten. Die Haselnüsse klein hacken. Den restlichen Honig mit dem Olivenöl und dem Zitronensaft vermischen. Den Dinkel in die Schüsseln füllen; Gemüse, Feldsalat und Haselnüsse hinzufügen. Mit Gomasio bestreuen und mit der Honig-Vinaigrette beträufeln.

Falafel-Bowl

Für 4 Personen
Zubereitungszeit: 20 Minuten
Garzeit: 20 Minuten

2 EL Honig

1 großzügig
EL Tahina

16 Falafeln

1 Avocado

3 EL
Olivenöl

75 g grüne
Pistazien

8 Karotten

½ Rotkohl

Die Karotten schälen, in Stücke schneiden und mit dem Honig in einen
Topf geben. Mit Wasser bedecken und 20 Minuten bei geschlossenem
Deckel köcheln lassen, danach noch 15 Minuten ohne Deckel. Den Rotkohl
in Streifen schneiden. Die Pistazien hacken. Das Avocadofruchtfleisch
mit der Tahina und etwas Olivenöl pürieren. Salzen und pfeffern.
Die Falafeln im Ofen erhitzen. Alle Zutaten auf 4 Schüsseln verteilen.

Grünkohl-Bowl

Für 4 Personen
Zubereitungszeit: 20 Minuten
Garzeit: 10 Minuten

2 Avocados

etwa 10
Grünkohlblätter

2 gehäufte
EL Mohn

Saft von
2 Zitronen

250 g
Quinoa

4 EL Olivenöl

100 g
Cashewkerne

2 EL Tahina

Den Grünkohl waschen, mit den Händen gründlich mit etwas Olivenöl und dem
Saft von 1 Zitrone vermengen. Die Quinoa 10 Minuten in Wasser kochen.
Die Cashewkerne klein hacken. Die Avocados schälen und in dünne Scheiben
schneiden. Den restlichen Zitronensaft mit dem restlichen Öl vermischen
und die Tahina hinzufügen. Die Quinoa nach dem Abtropfen in die
Schüsseln füllen, dann die übrigen Zutaten dekorativ darauf verteilen.
Salzen, pfeffern und mit Mohn bestreuen.

Energy-Bowl

Für 4 Personen
Zubereitungszeit: 30 Minuten
Garzeit: 30 Minuten

2 TL
gemahlen
Kurkum

1 Zwiebel

4 EL
Crème fraîche

500 g
Süßkartoffeln,
in Scheiben
geschnitten

1 Stange
Sellerie, klein
geschnitten

½ Bund Kerbel,
Blätter
abgezupft

250 g Belugalinsen

4 EL
Olivenöl

200 g gemischter
Blattsalat

75 g
Haselnüsse,
gehackt und
geröstet

Die Zwiebel klein schneiden und zusammen mit der Kurkuma in etwas Öl anbraten. Die Linsen hinzufügen, mit Wasser bedecken und 30 Minuten auf kleiner Flamme köcheln lassen. Die Süßkartoffeln in einer Pfanne mit Öl etwa 15 Minuten anbraten. Den Salat waschen und auf die Schüsseln verteilen. Die restlichen Zutaten hinzufügen und mit Crème fraîche garnieren. Salzen und pfeffern.

Winter-Bowl

Für 4 Personen
Zubereitungszeit: 25 Minuten
Garzeit: 45 Minuten

1 Radieschen

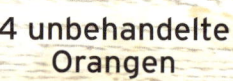

4 unbehandelte
Orangen

1 Steckrübe, in
Scheiben geschnitten

150 g
Azukibohnen,
eingeweicht

200 g schwarzer
Venusreis

4 EL
Crème fraîche

200 g gemischter
Blattsalat

4 Rote Bete,
im Ofen
gebacken

Den schwarzen Reis und die Bohnen in 2 Töpfen mit Salzwasser jeweils
45 Minuten kochen. 2 Orangen auspressen und den Saft mit etwas
Olivenöl vermischen. Rote Bete, Rübe und Radieschen mit dem Gemüsehobel
in dünne Scheiben schneiden. Die restlichen Orangen vierteln. Den Salat
auf die Schüsseln verteilen, die übrigen Zutaten hinzufügen, salzen
und pfeffern. Mit Orangensauce beträufeln und mit je 1 Löffel
Crème fraîche garnieren.

Indian Bowl

Für 4 Personen
Zubereitungszeit: 30 Minuten
Garzeit: 1 Stunde

4 EL
Haselnussöl

1 gehäufter EL
Vollwertmandelpaste

8 Karotten

Saft von
1 Orange

150 g Feldsalat

100 g
Quinoa

100 g
Bulgur

50 g
Mandelblättchen,
geröstet

200 g rote Linsen

Die Karotten schälen, längs halbieren und mit etwas Olivenöl 1 Stunde
bei 160 °C im Ofen backen. Die roten Linsen in einem Topf mit
Wasser 20 Minuten kochen. Abtropfen lassen und mit der Mandelpaste
pürieren. Den Bulgur und die Quinoa 10 Minuten kochen und abtropfen lassen.
Den Feldsalat auf die Schüsseln verteilen, die übrigen Zutaten obenauf legen.
Salzen und pfeffern. Mit Mandelblättern bestreuen und mit Orangensaft,
vermischt mit Haselnussöl, beträufeln.

Greek Bowl

Für 4 Personen
Zubereitungszeit: 25 Minuten
Garzeit: 10 Minuten

3 Frühlings-
zwiebeln

4 EL
Kalamata-
Oliven

½ Bund
Estragon

250 g
Paprikastreifen,
gebraten

600 g Gurken,
gewürfelt

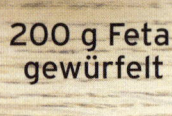

200 g Feta,
gewürfelt

2 Avocados,
gewürfelt

½ Bund
Schnittlauch

350 g Quinoa

etwas
Olivenöl

Die Quinoa in einen Topf mit heißem Wasser geben und 10 Minuten kochen.
Die Oliven in Ringe schneiden. Die Zwiebeln und die Kräuter klein hacken.
Die Quinoa in die Schüsseln füllen und die übrigen Zutaten dekorativ darauf
verteilen. Mit den Kräutern und den Zwiebeln bestreuen, salzen,
pfeffern und mit ein wenig Olivenöl beträufeln.

Superfood-Bowl

Für 4 Personen
Zubereitungszeit: 25 Minuten
Garzeit: 45 Minuten

½ Bund
Koriander

1 Butternut-Kürbis,
in Scheiben

2 angesäuerte
Äpfel, in Scheiben

150 g frischer Löwenzahn

200 g
rote Quinoa

4 gehäufte EL
Kidneybohnen,
gekocht

2 Mangos,
gewürfelt

Die Kürbisscheiben mit Öl bestreichen und 45 Minuten bei 160 °C im Ofen backen. Den Löwenzahn und den Koriander waschen und klein hacken. Die Quinoa in einen Topf mit heißem Wasser geben und 10 Minuten kochen. Den Löwenzahn in die 4 Schüsseln geben und die übrigen Zutaten darauf verteilen. Salzen, pfeffern und mit Olivenöl beträufeln.

Nudel-Clementinen-Bowl mit Rotkohl

Für 4 Personen
Zubereitungszeit: 20 Minuten

150 g Feta,
gewürfelt

2 Frühlingszwiebeln,
gehackt

200 g
Blattspinat

4 EL Nussöl

75 g Mandelblättchen,
geröstet

½ Rotkohl,
in Streifen geschnitten

550 g
kleine Nudeln,
gekocht

6 Clementinen

2 Clementinen auspressen, die übrigen in Segmente teilen und die Haut
entfernen. Die Spinatblätter waschen, trocken tupfen und in die
4 Schüsseln geben. Den Clementinensaft mit dem Nussöl vermischen.
Die übrigen Zutaten auf die Schüsseln verteilen. Salzen, pfeffern
und mit der Clementinensauce beträufeln.

Soba-Auberginen-Bowl

Für 4 Personen
Zubereitungszeit: 25 Minuten
Garzeit: 40 Minuten

1 gehäufter EL
Misopaste

Saft von
2 Orangen

4
Chicorée-
blätter

8 kleine
Auberginen

250 g
Kichererbsen

300 g
Sobanudeln

1 großzügiger
EL Tahina

3 EL
Olivenöl

½ Bund
Koriander

2 EL
schwarze
Sesamkörner

Die Auberginen halbieren und mit einem Messer ein Gittermuster
in das Fleisch schneiden. Die Misopaste mit etwas Olivenöl mischen, die
Auberginen damit einpinseln und 10 Minuten mit der fleischigen Seite nach
unten in der Pfanne braten. Die Sobanudeln 10 Minuten in Wasser kochen.
Das restliche Öl mit der Tahina und dem Orangensaft mischen.
Die Chicoréeblätter in die 4 Schüsseln geben und die übrigen Zutaten
darauf verteilen. Mit schwarzem Sesam bestreuen, salzen, pfeffern
und mit der Tahina-Orangen-Sauce servieren.

Buddha-Bowl mit Auberginen

Für 4 Personen
Zubereitungszeit: 25 Minuten
Garzeit: 10 Minuten

4 EL Mischung aus Leinsamen, Sonnenblumenkern, Kürbiskernen und Sesamkörnern

4 Karotten

2 Avocados

150 g Winterportulak

1 EL Algen, gemischt

4 EL Olivenöl

2 Auberginen

250 g Basmatireis

Die Auberginen halbieren und mit einem Messer ein Gittermuster in das Fleisch schneiden. Mit Olivenöl beträufeln und 40 Minuten bei 180 °C im Ofen backen. Den Reis 10 Minuten in Wasser kochen, abtropfen lassen und mit den Algen sowie etwas Olivenöl vermischen. Die Avocados schälen und in dünne Scheiben schneiden. Die Karotten raspeln und mit den Körnern vermischen. Das Fleisch der Auberginen mit einer Gabel aus der Schale schaben. Salzen und pfeffern. Den Reis in die 4 Schüsseln geben und die übrigen Zutaten darauf verteilen. Mit Olivenöl beträufeln.

Healthy Bowl

Für 4 Personen
Zubereitungszeit: 25 Minuten
Garzeit: 20 Minuten

3 EL
Olivenöl

75 g Sonnen-
blumenkerne

3 Fenchel-
knollen

einige
Blättchen
Kerbel

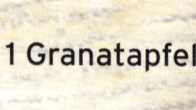

4 EL Ahornsirup

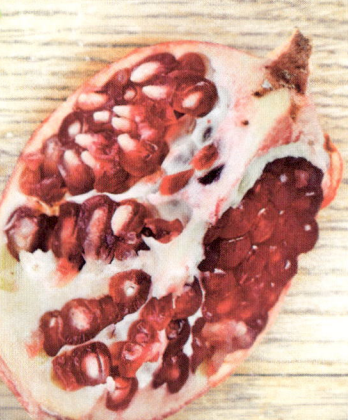

1 Granatapfel

200 g
Belugalinsen

3 Zucchini,
in Spaghetti
geschnitten

Die Belugalinsen 20 Minuten in Wasser kochen. Die Hälfte des Fenchels klein hacken, den Rest in große Stücke schneiden. Diese zusammen mit dem Ahornsirup und etwas Olivenöl 10 Minuten in der Pfanne andünsten. Dabei regelmäßig wenden und karamellisieren lassen. Aus dem Granatapfel die Kerne lösen. Die Linsen in die 4 Schüsseln füllen und die restlichen Zutaten darauf verteilen. Salzen, pfeffern und mit Olivenöl beträufeln.

Detox-Spirulina-Bowl

Für 4 Personen
Zubereitungszeit: 20 Minuten
Garzeit: 45 Minuten

einige Blättchen
Kerbel

Filets von
2 Grapefruits

1 Mango, gewürfelt

1 Granatapfel

2 Avocados

5 EL Joghurt-
Dill-Dressing
(siehe S. 15)

200 g
Naturreis

1 Rote Bete,
im Ofen gebacken

6 EL Spirulina-Vinaigrette
(siehe S. 15)

Den Naturreis 45 Minuten (oder nach Packungsangabe) kochen.
Die gebackene Rote Bete mit dem Joghurtdressing pürieren.
Die Avocados schälen und in dünne Scheiben schneiden.
Aus dem Granatapfel die Kerne lösen. Den Reis in die 4 Schüsseln
geben und die restlichen Zutaten darauf verteilen. Mit Kerbel bestreuen,
salzen, pfeffern und mit der Spirulina-Vinaigrette servieren.

Sportler-Bowl

Für 4 Personen
Zubereitungszeit: 30 Minuten
Garzeit: 45 Minuten

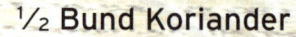

½ Bund Koriander

2 EL
grüne
Pistazier

2 EL
Vollwertmandel-
paste

1 Mango,
gewürfelt

8 weiche
Feigen

2 EL Kokospulver

4 EL Haferflocken

1 Granatapfel

100 g
gemischter
Blattsalat

200 g Quinoa,
zweifarbig

1 Butternut-Kürbis
in Scheiben

2 Avocados in
dünnen Scheiben

Die Kürbisscheiben mit Öl bestreichen und 40 Minuten bei 180 °C im Ofen backen. Die Quinoa in einem Topf Wasser 10 Minuten kochen, danach abtropfen lassen. Feigen, Haferflocken, Mandelpaste, die Hälfte des Korianders und das Kokospulver pürieren. Großzügig salzen und pfeffern. Die Pistazien hacken. Das Püree zu Kugeln formen und diese in den gehackten Pistazien wälzen. Aus dem Granatapfel die Kerne lösen. Die Quinoa in die Schüsseln geben und die übrigen Zutaten darauf verteilen. Salzen, pfeffern, mit Olivenöl beträufeln und mit dem restlichen Koriander bestreuen.

Eiweißreich

Power-Bowl mit Champignons

Für 4 Personen
Zubereitungszeit:
20 Minuten
Garzeit: 5 Minuten

375 g Perlgraupen, gekocht

Saft von
1 Zitrone

400 g Champignons,
in dünnen Scheiben

1 EL
Olivenöl

2 Birnen

½ Bund Koriander

200 g
Blattspinat
und Feldsalat,
gemischt

4 weich gekochte Eier
(5 Minuten)

Die Birnen schälen und würfeln.
Die Hälfte der Champignons in etwas Olivenöl anbraten.
Die restlichen Champignons mit dem Zitronensaft und ebenfalls etwas Olivenöl
vermischen. Den Salat waschen und in die Schüsseln geben, danach die übrigen
Zutaten darauf verteilen. Das noch warme Ei kommt jeweils in die Mitte.
Salzen, pfeffern und mit Olivenöl beträufeln.

Bowl mit gebratenen Roten Beten und weich gekochtem Ei

Für 4 Personen
Zubereitungszeit: 20 Minuten
Garzeit: 45 Minuten

4 EL Olivenöl

4 Eier

8 gehäufte EL Kichererbsen

8 kleine Rote Bete

1 Prise Kreuzkümmel

150 g Bulgur

12 kleine Champignons

2 EL Buchweizen, geröstet

150 g Blattspinat

Die Kichererbsen waschen und abtropfen lassen. Mit dem Kreuzkümmel
würzen und in etwas Olivenöl gewendet 30 Minuten bei 180 °C im Ofen backen.
Die Roten Beten in Stücke schneiden und bei gleicher Temperatur
45 Minuten im Ofen backen. Die Champignons klein schneiden.
Den Bulgur 10 Minuten in Wasser kochen. Danach auf die 4 Schüsseln verteilen.
Die Eier 5 Minuten in Wasser kochen, aus den Schalen nehmen.
Alle Zutaten auf die Schüsseln verteilen und mit dem Buchweizen bestreuen.
Mit Olivenöl beträufeln, salzen und pfeffern.

Poke-Bowl mit Thunfisch und Avocados

Für 4 Personen
Zubereitungszeit: 20 Minuten
Garzeit: 20 Minuten

4 EL Olivenöl

Saft von
1 Zitrone

3 EL
Reisessig

2 Avocados

3 Frühlin
zwiebe

½ Bund
Koriander

200 g Naturreis

2 TL Nori-Algenflocken

500 g roter Thunfisch

Den Reis nach Packungsangabe in einem Topf mit Salzwasser kochen,
abtropfen lassen und mit Essig beträufeln. Den Thunfisch in Stücke schneiden,
mit Zitronensaft und Olivenöl beträufeln und gut vermengen.
Den Reis auf die Schüsseln verteilen. Die Avocados schälen und in dünne
Scheiben schneiden. Die Zwiebeln und den Koriander klein schneiden.
Die restlichen Zutaten zum Reis geben, salzen und pfeffern.
Mit dem Koriander und den Algenflocken bestreuen
und mit Olivenöl beträufeln.

Bowl mit Jakobsmuscheln

Für 4 Personen
Zubereitungszeit: 20 Minuten
Garzeit: 45 Minuten

½ Bund
Kerbel

½ Bund
Schnittlauch

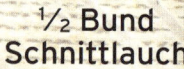

20 Jakobs-
muscheln

4 Medjool-Datteln

2 Kakis

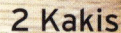

3 EL
Reisessig

2 Frühlingszwiebeln
in dünnen Ringen

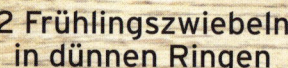

2 EL
Olivenöl

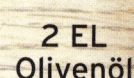

2 Limetten

250 g
Vollkornreis

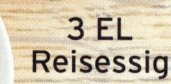

Den Vollkornreis 45 Minuten (oder nach Packungsangabe) kochen, danach abtropfen lassen und mit Reisessig beträufeln. Die Datteln in Stücke schneiden und die Kakis vierteln. Die Jakobsmuscheln in kleine Würfel schneiden, die Schale der Limetten reiben und die Limetten auspressen. Den Abrieb, den Saft und das Olivenöl an die Muscheln geben und alles gut durchmischen. Die Kräuter hacken. Den Reis in die 4 Schüsseln geben und die übrigen Zutaten darauf verteilen. Mit den Kräutern und den Zwiebelringen bestreuen, salzen, pfeffern und mit ein wenig Olivenöl beträufeln.

Poke-Bowl mit Lachs, Mango und Wildreis

Für 4 Personen
Zubereitungszeit: 20 Minuten
Garzeit: 45 Minuten

100 g Wildre

2 EL Reisessig

100 g Mizuna
oder Rucola

2 Zwiebeln in
dünnen Ringen

500 g Lachs

½ TL
Wasabipaste

2 Mangos
in dünnen
Scheiben

150 g Thai-Reis

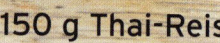

Den Wildreis etwa 45 Minuten und den Thai-Reis etwa 10 Minuten kochen.
Abtropfen lassen, beides mischen, mit Essig beträufeln und auf die
4 Schüsseln verteilen. Den Lachs in Scheiben schneiden und zusammen mit
dem Salat und den Mangoscheiben auf den Reis legen. Mit den Zwiebelringen
garnieren und mit einer Messerspitze Wasabi servieren.

Räucherlachs-Bowl mit Linsen und Algen

Für 4 Personen
Zubereitungszeit: 20 Minuten
Garzeit: 45 Minuten

2 Zitronen

2 TL
Nori-Algenflocken

2 EL
Sonnen-
blumenkerne

einige
Stängel Dill

1 Granatapfel

200 g Linsen

2 rosa
Grapefruits

4 Scheiben
Räucherlachs

4 EL Olivenöl

Die Linsen in einem Topf mit Wasser etwa 45 Minuten kochen.
Abtropfen lassen, mit Öl beträufeln, salzen und pfeffern. Den Zitronensaft mit
der Hälfte der Algenflocken und etwas Olivenöl vermischen. Von den einzelnen
Segmenten der Grapefruits die Haut entfernen und aus dem Granatapfel
die Kerne lösen. Die Linsen in die 4 Schüsseln geben, danach den Räucherlachs,
die Grapefruitfilets und die Granatapfelkerne darüber verteilen.
Mit etwas Dill, den Sonnenblumenkernen und den restlichen Algenflocken
bestreuen und mit der zubereiteten Vinaigrette beträufeln.

Ganz-in-Grün-Bowl

Für 4 Personen
Zubereitungszeit: 25 Minuten
Garzeit: 10 Minuten

2 Bund
grüner
Spargel

2 EL Vollwert-
mandelpaste

1 Naturjoghurt

200 g
Zuckerschote

½ Bund
Minze

200 g
Couscous

4 hart gekochte Eier

2 EL Sesamkörner

Saft von 1 Orange

1 Brokkoli, in Röschen,
gebraten

75 g Mandelblättchen,
geröstet

Den Spargel und die Zuckerschoten 10 Minuten in Salzwasser kochen.
Den Couscous quellen lassen, mit etwas Olivenöl beträufeln und auf die
4 Schüsselnverteilen. Den gekochten Spargel in Stücke schneiden. Die Minze
klein schneiden. Die Mandelpaste mit dem Joghurt, dem Orangensaft und
etwas Olivenöl zu einer Sauce verrühren. Salzen und pfeffern. Die Eier
pellen und halbieren, dann alle Zutaten auf die Schüsseln verteilen.
Mit Sesamkörnern und Minze bestreuen und mit der Sauce servieren.

Satay Style Bowl

Für 4 Personen
Zubereitungszeit: 25 Minuten
Garzeit: 15 Minuten

4 Karotten in langen,
dünnen Streifen

6 EL Sataypaste

200 g Thai-Reis

1 Naturjoghurt

4 Frühlings-
zwiebeln

500 g Hähnchenfilet,
in der Hälfte der
Sataypaste mariniert

75 g Erdnüsse,
geröstet

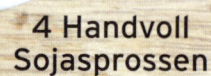

4 Handvoll
Sojasprossen

Den Reis 10 Minuten in Wasser kochen. Abtropfen lassen, mit Olivenöl
beträufeln, salzen und pfeffern. Die Erdnüsse klein hacken. Das Hähnchenfleisch
in der Marinade anbraten. Die Zwiebeln klein schneiden. Den Joghurt mit
der restlichen Sataypaste und etwas Olivenöl zu einer Sauce verrühren.
Den Reis in die 4 Schüsseln geben und die übrigen Zutaten darauf verteilen.
Mit den Erdnüssen und den Zwiebelstücken bestreuen und mit
der Joghurtsauce servieren.

Bowl auf italienische Art

Für 4 Personen
Zubereitungszeit:
25 Minuten
Garzeit: 10 Minuten

150 g
Rucola

12 Mini-
Mozzarellakugeln

4 EL Olivenöl

1 Bund
Basilikum

ca. 30
Kirschtomaten

4 große Scheiben
Parmaschinken

400 g
Gnocchi

2 Zucchini

Die eine Zucchini mit einem Gemüseschäler in lange, dünne Streifen
schneiden, die andere in Scheiben. Letztere mit etwas Olivenöl in der Pfanne
anbraten. Die Gnocchi 3 Minuten in kochendem Wasser garen, danach
abtropfen lassen und mit etwas Olivenöl in der Pfanne anbraten.
Die Tomaten halbieren. Die Rucola auf die 4 Schüsseln verteilen. Den in
Streifen geschnittenen Schinken, die rohen und die gebratenen Zucchini-Stücke,
die Tomaten, den Mozzarella und die heißen Gnocchi hinzufügen und
das Ganze mit klein geschnittenem Basilikum bestreuen.
Salzen, pfeffern und mit Olivenöl beträufeln.

Rindfleisch-Bibimbap

Für 4 Personen
Zubereitungszeit: 30 Minuten
Garzeit: 10 Minuten

1 TL
Chilipaste

4 Eier

3 Karotten, geraspe

4 gehäufte
EL Kimchi

250 g Jasminre

4 EL Reisessig

500 g Rindfleisch
in dünnen Streifen

200 g
Daikon-
Rettich,
gerieben

4 EL Sesamöl

250 g Sojasprossen

1 Zucchini in
Scheiben

1 EL Sesamkörner

Die Zucchini mit einer Messerspitze Chilipaste und etwas Sesamöl vermischen. Die Karotten mit ein wenig Essig und Sesamöl vermischen. Die Sojasprossen mit einer Messerspitze Chilipaste und etwas Sesamöl vermischen. Das Rindfleisch in etwas Sesamöl und ein wenig Chilipaste anbraten. Den Reis 10 Minuten kochen, danach abtropfen lassen und mit etwas Essig beträufeln. Die Eier in der Pfanne zu Spiegeleiern braten. Den Reis in die 4 Schüsseln geben und die übrigen Zutaten darauf verteilen. Das Spiegelei kommt jeweils in die Mitte. Mit Sesamkörnern garnieren und sofort genießen.

Bo bun mit Ingwer und Frühlingsrollen

Für 4 Personen
Zubereitungszeit: 20 Minuten
Garzeit: 10 Minuten

4 Karotten, geraspe

50 g Erdnüsse,
gehackt

4 EL Frühlings-
rollensauce

500 g Rinderfilet in
dünnen Scheiben

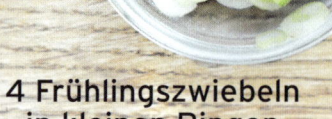

1 Gurke in Scheiben

3 EL
Sojasauce

8 Frühlingsrollen, gebraten

4 Frühlingszwiebeln
in kleinen Ringen

150 g
Blattspinat

100 g Reisnudeln

2 cm Ingwer

Die Reisnudeln in eine Schüssel mit heißem Wasser geben und
10 Minuten quellen lassen. Die Spinatblätter auf die 4 Servierschüsseln
verteilen. Den Ingwer raspeln und mit 3 zerkleinerten Zwiebeln in
etwas Olivenöl anbraten. Dann das Rinderfilet hinzufügen und bei starker Hitze
anbraten. Die Sojasauce angießen, das Ganze gut vermischen und das
Fleisch in die Schüsseln geben. Die restlichen Zutaten hinzufügen und mit
der Sauce für die Frühlingsrollen beträufeln. Die Erdnüsse, die Frühlingsrollen
in kleinen Stücken und etwas gehackte Minze hinzufügen.

Süß

Chiasamen-Bowl mit Kokosmilch

Für 4 Personen
Zubereitungszeit: 15 Minuten
Garzeit: 5 Minuten
Kühlzeit:
2 Stunden

10 EL Chiasamen

½ l Kokosmilch

150 g Blaubeeren

2 EL Kokospulver

2 EL
Leinsamen

4 Clementinen

2 EL Gojibeeren

3 EL Agavensirup

Die Kokosmilch zusammen mit dem Agavensirup erhitzen, die Chiasamen hinzufügen und 1 Minute bei starker Hitze aufkochen lassen. Die Mischung auf die 4 Schüsseln verteilen und für etwa 2 Stunden in den Kühlschrank stellen. Kurz vor dem Servieren die Clementinen vierteln und mit allen noch übrigen Zutaten auf die Schüsseln verteilen.

Smoothie-Bowl mit Kokos, Mango und Himbeeren

Für 4 Personen
Zubereitungszeit: 15 Minuten
Kühlzeit: 1 Stunden

2 Mangos

100 g Kokosspäne,
geröstet

2 EL Rohrzucker

250 ml Kokoscreme

30 g Kokospulver

300 g Himbeeren +
einige zum Garnieren

Die Himbeeren 1 Stunde ins Gefrierfach stellen.
Die Mangos schälen und in dünne Scheiben schneiden.
Die Himbeeren zusammen mit dem Rohrzucker und der Kokoscreme im
Mixer pürieren und diese Mischung auf die 4 Schüsseln verteilen.
Die Mangoscheiben sowie die restlichen Himbeeren hinzufügen,
alles mit Kokosspänen und Kokospulver bestreuen.

Milchreis, Honigbirnen und geröstete Mandeln

Für 4 Personen
Zubereitungszeit: 20 Minuten
Garzeit: 40 Minuten

4 Birnen

Abrieb von 1 unbehandelten Zitrone

1 Vanilleschote

4 EL Honig

75 g Mandelblättchen, geröstet

6 EL Arborio-Reis

1 l Vollmilch

6 EL Rohrzucker

2 EL Sesamkörne schwarz und wei

Die Milch zusammen mit Reis, Zucker, geöffneter Vanilleschote und Zitronenabrieb in einen Topf geben und unter Rühren 40 Minuten auf kleiner Flamme köcheln lassen. Die Birnen schälen und in Stücke schneiden. Zusammen mit dem Honig in eine Pfanne geben und kurz andünsten. Den fertigen Milchreis auf die 4 Schüsseln verteilen. Die Birnen hinzufügen und das Ganze mit Mandeln und Sesamkörnern bestreuen.

Joghurt-Bowl mit Himbeeren und Granola

Für 4 Personen
Zubereitungszeit: 10 Minuten

500 g
Himbeeren
+ 125 g zum
Garnieren

60 g heller Rohrzucker

4 Becher
griechischer
Joghurt

4 Bananen
in Scheiben

8 EL Granola

2 EL Honig

Den Joghurt mit dem Zucker und 500 g Himbeeren im Mixer pürieren.
Auf die 4 Schüsseln verteilen und die Bananenscheiben, die
restlichen Himbeeren und die Granolaflocken hinzufügen.
Mit Honig beträufeln.

Smoothie-Bowl mit Kiwi und Joghurt

Für 4 Personen
Zubereitungszeit: 10 Minuten
Kühlzeit: 30 Minuten

40 g frische Kokosspäne

4 Becher Vanillejoghu

3 Bananen

5 Kiwis

6 gehäufte EL Haferflocken

150 g Blaubeeren

Den Joghurt 30 Minuten in den Gefrierschrank stellen, danach
mit den Bananen und dem Fruchtfleisch der 3 Kiwis im Mixer pürieren.
Die Mischung auf die 4 Schüsseln verteilen und die restlichen
Zutaten hinzufügen.

Smoothie-Bowl mit Schokolade und Banane

Für 4 Personen
Zubereitungszeit: 15 Minuten
Garzeit: 5 Minuten

4 EL
Kokosspäne,
geröstet

300 ml Kokoscreme

4 EL Kakaobohnen,
grob gehackt

225 g dunkle
Schokolade, in Stücken

4 EL Haselnüsse,
geröstet

4 Bananen

Die Schokolade im Wasserbad schmelzen.
Danach mit der Kokoscreme vermischen und das Ganze zusammen
mit 2 Bananen im Mixer pürieren. Die Mischung in die 4 Schüsseln geben
und 10 Minuten ruhen lassen. Die gerösteten Haselnüsse zerkleinern.
Gehackte Kakaobohnen, Haselnüsse, restliche Bananenscheiben und
Kokosspäne dekorativ auf den Schüsseln verteilen.

Porridge-Bowl mit Mandelmilch

Für 4 Personen
Zubereitungszeit: 10 Minuten
Ruhezeit: 10 Minuten
Garzeit: 5 Minuten

einige
Weintrauben

8 Feigen

80 g Haferflocken

3 EL Agavensirup

500 ml
Mandelmilch

75 g Haselnüsse

2 EL helle Rosinen

Die Milch zusammen mit 1 EL Agavensirup, den Rosinen und den Haferflocken
in einen Topf geben und unter Rühren 5 Minuten kochen. Die Mischung
auf die 4 Schüsseln verteilen und 10 Minuten ruhen lassen.
Die Feigen halbieren und die Weintrauben entkernen.
Die Haselnüsse klein hacken. Alle Zutaten über das Porridge
geben und mit dem restlichen Agavensirup beträufeln.

Zitronencreme-Bowl mit Topping

Für 4 Personen
Zubereitungszeit: 15 Minuten
Garzeit: 10 Minuten
Kühlzeit: 4 Stunden

100 ml Zitronensaft

150 g Brombeeren

2 rosa Grapefruits

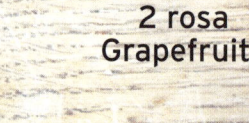

100 heller Rohrzucker

2 EL Chiasamen

Abrieb von 1 unbehandelten Limette

500 ml Schlagsahne

Die Sahne 5 Minuten erhitzen, den Zucker und den Zitronensaft
hinzufügen. Zum Kochen bringen und 5 Minuten unter Rühren weiterkochen.
Die Mischung auf die 4 Schüsseln verteilen, abkühlen lassen und für
mindestens 4 Stunden in den Kühlschrank stellen. Unmittelbar vor dem
Servieren die einzelnen Segmente der Grapefruits enthäuten und
zusammen mit den Brombeeren in die Schüsseln geben.
Mit Chiasamen und dem Limettenabrieb garnieren.

Açai-Bowl

Für 4 Personen
Zubereitungszeit: 10 Minuten

200 g Blaubeeren

4 EL Mandelmilch

2 EL Açai-Pulver

200 g
Himbeeren

4 EL
Chiasamen

4 Bananen

2 EL Sesamkörner

50 g
Cashewkerne
zum Garnierer

2 EL Haferflocken

Die Bananen mit den Himbeeren, den Chiasamen, der Mandelmilch
und dem Açai-Pulver im Mixer pürieren. Die Mischung in die 4 Schüsseln geben.
Die Blaubeeren, die Haferflocken und die Sesamkörner dekorativ darüber
verteilen. Die Cashewkerne zerstoßen und über die Creme streuen.

Alle Übersetzungs-, Reproduktions- und Adaptionsrechte für alle Länder vorbehalten.

© Mango, Paris – 2017
Originaltitel: Super bols
Original-ISBN: 9782317015342

Programmleitung: Anne la Fay
Redaktion: Bérénice Taveau assistée par Alice Andro
Kreative Leitung: Julie Mathieu
Layout: Natacha Marmouget
Lektorat: Coraline Borchiellini
Herstellung: Thierry Dubus et Axelle Hosten

© der deutschen Ausgabe: Ullmann Medien GmbH
Übersetzung aus dem Französischen: Holger Möhlmann für writehouse
Satz: Röser Media, Karlsruhe, für writehouse

Gesamtherstellung: Ullmann Medien GmbH, Potsdam

Printed in Slovakia, 2017

ISBN 978-3-7415-2253-6

10 9 8 7 6 5 4 3 2 1
X IX VIII VII VI V IV III II I

www.ullmannmedien.com
info@ullmannmedien.com
facebook.com/ullmannmedien
twitter.com/ullmannmedien

MIX
Papier aus verantwor-
tungsvollen Quellen
FSC® C129466
FSC
www.fsc.org

Entdecken Sie außerdem in der Clever kombiniert!-Reihe:

Lunchgläser: 978-3-7415-2191-1

Bowle, Punch & Co.: 978-3-7415-2190-4

Ab sofort überall im Buchhandel
und unter www.ullmannmedien.com
erhältlich.